PÉTITION

RÉPUBLICAINE,
AUX REPRÉSENTANS
DU PEUPLE FRANÇAIS.

CITOYEN PRÉSIDENT, FRÈRES ET AMIS,

LE PEUPLE, vous a demandé la destitution des ci-devant nobles, dans tous les emplois civils et militaires, l'arrestation de tous les brigands. Vous avez satisfait son vœu par votre décret, et par la peine que vous avez attachée contre les contrevenans à cette loi.

Il ne vous reste plus, Citoyens Législateurs, qu'un vœu à remplir. Je vous le demande au nom du peuple : je vous le demande au nom de la masse entière de la République.

C'est, d'abattre, d'écraser, de foudroyer enfin par un décret exterminateur, les accapareurs, les agioteurs, et sur-tout, ceux des denrées de première nécessité, en adoptant le projet que je vais mettre sous les yeux de la Convention nationale.

A

Le résumé très-succinct de trois plans successifs que j'ai présentés à l'Assemblée Constituante le 14 Décembre 1789, 5 Août et en Septembre suivant, suffit, Législateurs, pour vous en donner l'apperçu, (*a*)

Citoyens Législateurs, je crois avoir atteint le point que je me suis proposé par les observations que j'ai l'honneur de vous mettre sous les yeux.

Qu'il soit établi dans chaque section un magasin en bled et farine, proportionné à la population. Que ce magasin soit entretenu sous la direction et surveillance spéciale des comités réunis, et gardé par les Citoyens armés.

Pour y parvenir promptement, il suffit d'e-

(*a*) Ces plans ayant mérité l'adhésion des ditricts de Paris, alors existans, furent présentés avec leur autorisation à l'Assemblée Constituante, qui, après les avoir pris dans la plus grande considération, et sur le rapport des ses comités de Recherches et des Finances, me gratifia de Certificats honorables scellés du Sceau de la Nation, avec invitation de porter à l'Assemblée générale de la Municipalité le travail dont il s'agit, pour par elle être mis à exécution les grands moyens y contenus. Cet ordre est porté sur les registres civils de la section de Bon-Conseil du 11 Décembre 1790.

xécuter les décrets de la Convention nationale, confirmatifs de celui rendu le 29 Août
1789 , faisant défense expresse et sous les
peines les plus rigoureuses à tous Cultivateurs et Fermiers , de vendre leurs bleds ail-
leurs que sur les marchés de leur arrondissement (*a*).

Conformément à l'exécution du décret
dont il s'agit , chaque Section après avoir
nommé , (non dans ses Comités , mais ,
dans l'Assemblée générale) des Commissaires
jugés dignes de sa confiance pour son ap-
provisionnement ; et le Conseil général de
la Commune , ayant indiqué à chaque section, d'après une délibération prise en rai-
son du dénombrement des marchés destinés
auxdits approvisionnemens , celui qui serait
affecté à la fourniture de chacune en particulier ; lesdits Commissaires s'y transporte-
raient à des époques déterminées pour les be-
soins respectifs de leurs Sections.

Là , en vertu de la Loi , étant accompagnés de deux officiers municipaux , ils au-
raient le droit d'acheter au prix commun du
jour , le surplus de consommation de chaque
canton , et sur la resserre des bleds de cha-

____

(*a*) Mais à prix défendu.

que marché, la quantité nécessaire aux be-
soins de leurs commettans : la Loi faite à
cet égard ne permettant à aucun individu,
de faire des spéculations qu'aprés que lesdits Commissaires seraient suffisamment approvisionnés.

Les Sections ainsi pourvues en quantité suf-
fisante, qu'en résulterait-il? C'est que, lors-
que la Commune de Paris serait informée,
par une Correspondance exacte et non interrompue avec les Municipalités où sont
établis les marchés à bleds, que tel jour le
prix défendu s'est élevé à un prix plus haut
que le marché antérieur; alors les Sections
de Paris, seraient autorisées par un arrêté
du Conseil général de la Commune, à faire
l'ouverture de leurs magasins à un prix et
dans une proportion plus modérés.

Cette mesure soutenue et constante éta-
blirait à jamais une balance égale dans les
subsistances, et le pain au même prix, épar-
gnerait à la Commune de Paris, c'est-à-dire,
à tous les Citoyens grévés de ce fardeau ;
les primes onéreuses accordées indispensa-
blement aux boulangers à titre d'indemnités
justes et légitimes.

Ce projet, s'il étoit mis à exécution, ren-
droit inutile et même préjudiciable le projet

(5)

de décret proposé plusieurs fois à la Convention. Projet dont le but est de taxer le pain à trois sous la livre dans toute l'étendue de la République.

Je dis que ce projet seroit inutile et préjudiciable, en ce que, si l'on suppose le décret du 29 août 1789, rigoureusement exécuté, l'abondance continuelle qui regnerait dans les marchés , maintiendrait le prix du pain , non pas à trois sous, mais même à deux sous la livre.

J'ajoute qu'il est indispensable : et en effet, taxer le prix des denrées de première nécessité , n'est-ce pas porter une atteinte funeste à la liberté du Commerce , seul capable de faciliter et même de propager, non pas des accaparemens illicites, mais , des spéculations utiles à des approvisionnemens nécessaires à la subsistance des départemens Méridionaux, qui en sont dépourvus ?

Citoyens Législateurs, que l'exécution de la Loi salutaire soit ordonnée, qu'elle fasse régner l'abondance; mais, souvenez vous qu'elle ne peut exister que dans les marchés ! Le paralelle suivant suffira pour vous le démontrer.

Une Municipalité , possédant un territoire immense en culture; dont la population n'est, (je suppose,) que de 100 indivividus. Ce territoire n'est cultivé que par quatre particuliers, qui se coalisent et conviennent de ne vendre leurs denrées qu'à un très-haut prix. Les 96 autres individus sont donc obligés de jeûner, de périr de besoin, parceque ces quatre Cultivateurs ont arrêté dans leur scélératesse de vendre leurs denrées à un prix énorme.

Une autre Municipalité voisine, ayant une population immense et sans culture. Quelle marche celle-ci doit elle tenir pour se procurer ses subsistances ? Quel est le moyen de délivrer cette masse d'individus de l'oppression de ces monstres ? Je n'en vois pas d'autres que les marchés. Nos ancêtres ont été si convaincus de cette vérité qu'ils ont établi dans un Chef-lieu d'un arrondissement déterminé, un marché où toutes les denrées dudit arrondissement devaient être apportées pour y être vendues à prix défendu; ils ont accordé aux habitans de ce Chef-lieu le droit d'y être les premiers approvisionnés à une heure fixe : l'heure expirée, l'ouverture du marché pour l'étranger était annoncée au son d'une cloche; Nos ancêtres toujours prévoyans, construisirent un emplacement qui fut nommé Resserre. C'est dans ce lieu qu'était déposé le surplus des consommations qui formait l'abondance ; c'est dans ce lieu que se trouvaient les ressources sacrées dans les tems de disette et de quoi subvenir aux calamités publiques. Eh ! nous , Citoyens , dont les lumières étonnent l'Univers , nous sommes sans pain au milieu de l'abondance ; depuis un laps de tems nous montons des gardes de six heures aux portes des boulangers , pour y avoir un pain de 4 livres fait de farines avariées , et nos marchés sont déserts : faut-il pour quelques milliers d'individus , qui s'engraissent de nos sueurs , en voir périr vingt-cinq millions de misère? Quelle scélératesse !

L'on veut cependant faire fournir les marchés , l'on y emploie la force armée ; le Cultivateur , dit qu'il manque de batteurs en grange ; on le taxe d'exposer sur le marché une quantité de sacs de bled (*a*) pour être vendue au prix du *maximum* : La majeure partie s'y refuse encore. Eh ! Citoyens, comment concilier le prix du *maximum* qui est de 26 livres le sac, avec la conduite de certains individus, qui sont munis de pouvoirs dont l'ordre porte d'acheter des bleds par-tout où ils en trouveront à tel prix que

------

(*a*) Hélas quelle quantité !

ce soit ? Le prix actuel du bled chez le Cultivateur est depuis 100 à 120 liv. le sac pris dans les greniers, et la farine est prise chez le Meunier à 220 liv. le sac. Tout s'enlève furtivement la nuit pour aller je ne sais où (*a*).

Le riche Cultivateur, offre journellement aux petits fermiers, aux moissonneurs et

---

(*a*) Paris, cette cité immense en population, entre dans ce paralelle ; son département est borné à deux lieues de circonférence, qui ne produisent en parti que des légumes, où pour mieux s'exprimer, son territoire n'est, à proprement parler, qu'un potager.

Or, cette immense population est obligée de tirer ses subsistances du territoire voisin, et selon l'ordre, elle ne les doit avoir qu'après que le canton voisin en est suffisamment pourvu.

Pour trouver une balance et une combinaison juste, légale et légitime, il faut donc que la loi parle et ordonne.

Ce n'est donc, Citoyens Législateurs, que dans les marchés autorisés et soutenus par la Loi, que vous maintiendrez cet accord, cette harmonie, cette uniformité respective, indispensable et nécessaire.

Pesez, Citoyens Législateurs, pesez dans votre plus grande sagesse, la vérité de ce paralelle, donnez des loix, afin de maintenir cette Union de Fraternité. Et si quelques individus les violent, qu'ils périssent sous la hache de la Loi !

aux glaneurs, 100 liv. en sac de bled, payé comptant, n'est-ce pas un accaparement visible? n'est-il point clair que, si ce Cultivateur n'avait point le débouché pour vendre son bled arbitrairement à ces intrigans, il n'en donnerait pas lui-même ce prix?

Si les bleds n'étaient vendus que sur les marchés, nous ne serions pas dans de semblables crises, et on éviterait l'affligeante réflection que chacun fait en son particulier! Quoi quatre ans de Révolution, et quatre années d'abondance, où personne n'ignore que la moindre des récoltes n'ait produit deux années de vivres.

Citoyens Législateurs, si vous ne faites exécuter vos décrets ponctuellement, malgré l'abondance de notre récolte, les malveillans et les accapareurs nous feront manquer de tout. Tonnez, tonnez ; que la foudre écrase ces scélérats, et la Patrie est sauvée.

D'après les observations que j'ai l'honneur de vous communiquer, je crois qu'il faut :

1°. Mettre à exécution les décrets portant la vente des bleds, sur les marchés.

2°. Que les contrevenans, tant vendeurs qu'acheteurs, soient punis des peines les plus rigoureuses.

3º. Le Cultivateur et fermier, fournira par chaque charue et chaque jour de marché la quantité de sacs de bled, à proportion de sa récolte, suivant le recensement qui en aura été fait.

4º. Les Commissaires de Sections, ne se présenteront aux marchés qui leur seront indiqué par le Conseil général de la Commune de Paris, qu'après que le canton en sera pourvu.

5º. Leurs approvisionnemens ne seront faits que sur ce qui se trouvera sur le carreau et dans les *Resserres*.

6º. Les Commissaires seront accompagnés de deux Officiers Municipaux du lieu où sera situé le marché.

7º. Les denrées seront payées sur le prix du jour, par un bon que lesdits Commissaires signeront, et qui sera contresigné des deux Officiers Municipaux qui l'auront accompagné dans son expédition.

8º. Ledit bon sera payé à la Section à sa première présentation.

9º. Aucun étranger ne fera de spéculation qu'après que la section sera suffisamment approvisionnée.

10º. L'ouverture des magasins de section ne se fera que d'après un arrêté du Conseil général de la Commune, sur la réquisition des Citoyens desdites sections, au besoin, pour en ordonner la vente.

11°. Les magasins des sections seront sous la surveillance de ses comités réunis et sous la garde des Citoyens armés.

12°. Il sera établie une Correspondance exacte et non interrompue, qui annoncera à la Commune de Paris, les prix des bleds de chaque jour de marché, laquelle Correspondance sera communiquée journellement aux 48 sections.

Le 5 Septembre 1793, l'an 2me. de la République Française, une et indivisible.

CHANTRELLE.

Garde-Magasin des fourrages Militaires, Rue Quincampoix, N°. 27 et 36, Section des Lombards.

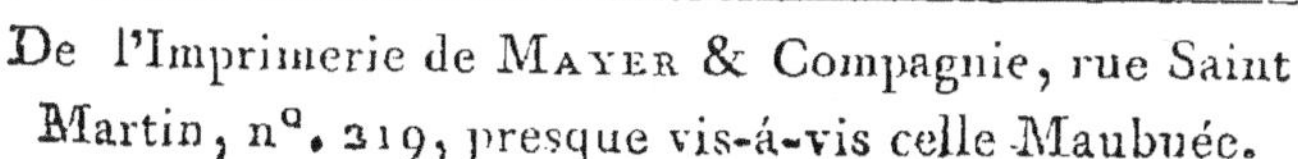

De l'Imprimerie de MAYER & Compagnie, rue Saint Martin, n°. 219, presque vis-à-vis celle Maubuée.

58